*L'auteur reconnaissant*
*à Monsieur le Docteur Sales*
*P. Guégan*

# LA
# TOUR AUX PAÏENS

## PLATEAU DE MARLY

(SEINE-ET-OISE)

RECHERCHES PRÉHISTORIQUES
AUX ENVIRONS DE SAINT-GERMAIN-EN-LAYE

PAR

**P. GUÉGAN DE LISLE,**

Membre correspondant de la Société des Sciences
de Seine-et-Oise.

*Extrait du Journal L'INDUSTRIEL de Saint-Germain-en-Laye*

SAINT-GERMAIN-EN-LAYE
IMPRIMERIE Th. LANCELIN,
Rue de Paris, 27.

1873

# LA
# TOUR AUX PAIENS

## PLATEAU DE MARLY

(SEINE-ET-OISE)

La belle découverte, qu'il nous a été donné de faire en 1872, du dolmen de Conflans-Sainte-Honorine, aujourd'hui au musée de Saint-Germain-en-Laye, a, pour ainsi dire, réveillé notre goût pour les études géologiques et préhistoriques.

En effet, la mort de notre vieil ami, M. Philibert Beaune, attaché audit Musée, avait quelque peu interrompu ces études qui, cependant, étaient devenues pour nous un délassement fort agréable.

Le père Beaune, c'est ainsi que nous le désignions, et il ne s'en formalisait pas, fût chargé, dès l'ouverture du Musée gallo-romain, de classer les premiers objets envoyés de Paris.

C'était un bon vieillard, ayant peu de prétentions à la haute science, mais chercheur infatigable, et observateur d'un grand sens.

Il s'attachait principalement à nos environs immédiats, et me disait souvent ces paroles que j'ai retenues :

« Croyez-moi, le département de Seine-et-
« Oise est plus riche qu'on ne le pense en
« monuments mégalithiques, seulement, ils y
« sont cachés, il s'agit de les découvrir... »

Je dois avouer ici que je n'avais alors qu'une confiance médiocre dans les silex taillés, où je ne voyais souvent que le résultat du clivage ou de la cristallographie

Je me permettais même quelquefois, au grand scandale de mon professeur, de nier l'authenticité de pièces qui lui paraissaient indiscutables.

Ce qui le mettait dans un état de colère, dont méchamment je m'amusais beaucoup.

Depuis, je me suis repenti, et c'est sans doute pour me punir de mon indifférence première et de mon peu de foi, que la découverte du dolmen de Conflans aidant, j'ai repris un goût si profond pour les études préhistoriques.

Ainsi que mon vieil ami, je commence par décliner toute prétention au titre de savant; ce que je recherche avant tout dans cette étude, c'est un délassement à mes occupations journalières.

Je consacre donc maintenant ma journée du dimanche à des courses souvent fort longues, et je suis heureux quand j'ai une butte à fouiller, ou un tas de cailloux à remuer.

Et lorsque le soir je rentre bien fatigué, ayant pris mon repas au grand air, j'ai au moins quelque chose à ajouter à ma collection.

Depuis quelque temps, le but de mes promenades a été le

« PLATEAU DE MARLY »

et voici pourquoi :

Le père Beaune, et je reconnais qu'il avait bien raison, me disait très-souvent : « Les « plateaux qui environnent Paris, sur les « bords de la Seine, doivent avoir été des lieux « de rassemblements nombreux après le pas- « sage du grand courant diluvien, et, en y « cherchant bien, on doit certainement y trou- « ver quelque chose. »

Je me suis rappelé ces paroles, qui ont été successivement confirmées par les faits.

On avait déjà le dolmen d'Epône, sur les bords de la Seine, mais il est à une altitude relativement peu élevée; depuis, on a découvert celui d'Argenteuil, sur le plateau de ce nom; puis ceux de Meudon, de Conflans, et enfin, on nous annonce la récente découverte d'une sépulture du même genre à Luzarches.

« En cherchant bien, me répétant à moi-même les paroles quelque peu prophétiques du père Beaune, on doit trouver quelque chose. Cherchons donc alors, et cherchons sur le Plateau de Marly, qui est pour ainsi dire à notre porte. Je priai d'abord mon ami, M. Bunout, bibliothécaire de la ville, de me communiquer tous les ouvrages de géologie et d'archéologie préhistoriques de la bibliothèque, et bientôt je pus lire dans le magnifique et savant ouvrage de M. Belgrand, intitulé : *La Seine aux temps antéhistoriques*, les lignes suivantes :

« Sur les bords du fleuve qui baigne Paris,
« au sommet des plateaux, à la pointe des
« promontoires qui émergeaient alors du sein
« des eaux (1), et qui forment aujourd'hui les

---

(1) Dernier soulèvement des Alpes.

« accidents de l'horizon parisien, l'homme pri-
« mitif a vécu, il a souffert, il a travaillé, il a
« lutté, puis il est mort, et les traces de son
« passage, effacées presque partout par celles
« des générations successives, sont enfouies
« aujourd'hui, etc., etc. »

Je continuai mentalement : oui, c'est bien cela, sont enfouies aujourd'hui, sous le sol des plateaux où ils ont vécu.

Il ne m'en fallut pas davantage pour prendre la résolution d'étudier à fond le plateau de Marly, si rapproché de nous, et je ne crois pas avoir tout à fait perdu mon temps, comme on le verra par ce qui va suivre.

Le plateau de Marly, en effet, devait se prêter merveilleusement à une grande agglomération d'hommes, obligés, à cette époque reculée, de se réfugier sur les hauteurs, par suite de l'inondation subite des parties basses.

Les plaines des parties basses du lit de la Seine, en effet, étaient entièrement submergées, et M. Belgrand ajoute : la Seine n'avait pas moins de 6 kilomètres de largeur à Paris, (le bassin parisien aux âges antéhistoriques, page 221.)

Et plus loin encore :

« La Seine, à Paris, a abaissé son lit de l'al-
« titude de 60 mètres, et même de 63 mètres,

« où elle coulait autrefois, à l'altitude de
« 26 mètres 25 où nous la voyons aujourd'hui. »

Or, l'altitude du plateau de Marly, étant supérieure à celle de la Seine d'autrefois, devait émerger entièrement au-dessus des eaux, c'était donc un refuge assuré.

Ce territoire rassemblait d'ailleurs toutes les conditions nécessaires à l'existence et à la sécurité de toute une population. D'un côté la Seine, et la Seine préhistorique, venant affleurer les contreforts de ce plateau, devenait une fortification naturelle, et était une ressource précieuse sous le rapport de la pêche.

Nos ancêtres de l'âge de pierre, peu cultivateurs, préféraient s'adonner à la pêche et à la chasse et, sous ce dernier point de vue, la forêt de Cruye déjà séculaire leur offrait d'immenses ressources.

Quant à leurs armes, à leurs instruments, le voisinage des affleurements de la craie blanche leur en offrait la matière première, on y trouvait alors, comme aujourd'hui, le silex pyromaque en abondance. Ces prolégomènes une fois établis, je me dirigeai donc vers le plateau de Marly et, en rentrant, le soir, j'avais déjà un certain nombre de débris d'ossements humains et de silex taillés, que j'avais trouvés épars sur le sol.

Je me renseignai aussitôt auprès de plusieurs cultivateurs, et j'appris, qu'à diverses reprises, on avait déjà découvert sur le plateau des sépultures « très-anciennes et garnies de pierres, » mais que l'on n'en avait absolument rien conservé d'intéressant pour la science.

Le sieur Pauzières, notamment, étant, vers le commencement de 1848, locataire d'une pièce de terre, au lieudit le « Mississipi, » y avait trouvé un bloc de grès de très-grande dimension :

Ayant déblayé la terre tout autour, il avait découvert une fosse rectangulaire, d'une grande étendue, dont les parois étaient entièrement garnies de dalles en grès et pleine d'ossements humains.

Qu'ayant appelé à la visiter plusieurs savants et des médecins, on prit d'abord des mesures de conservation ; mais les événements politiques de février étant survenus, on ne s'en était plus occupé.

Qu'enfin, pressé de rendre son champ à la culture, il avait fait porter les ossements au cimetière communal, et les grès, qui étaient fort épais, avaient été vendus par lui à un entrepreneur de routes, pour faire des pavés.

Je fus frappé de la ressemblance de ce récit avec ce que se proposait de faire, à Conflans, le sieur Loslier, qui était aussi venu offrir à M. Dumé, entrepreneur de routes, de lui vendre les grès du dolmen découvert dans son champ, pour en faire des pavés.

Combien de richesses archéologiques sont ainsi perdues pour la science, par suite de l'ignorance ou de la cupidité de ceux qui les découvrent?

Le sieur Pauzières ayant ajouté que plusieurs personnes notables de notre ville, et entre autres MM. les docteurs Clerc et Le Piez, ainsi que M. de Breuvery, avaient visité cet hypogée, je résolus d'aller consulter ces messieurs.

M. le docteur Clerc, rassemblant ses souvenirs, me confirma le récit de Pauzières; et il voulut bien même ajouter que les ossements contenus dans la fosse indiquant une race vigoureuse, avaient appartenu à des vieillards, des adultes, et des enfants des deux sexes.

Que la conformation de la boîte osseuse du crâne et l'ouverture de l'angle facial dénotaient une grande intelligence chez cette race d'hommes (1).

---

(1) On sait que nous avons fait la même remarque au sujet des ossements trouvés dans le dolmen de Conflans.

Qu'il pouvait assurer, d'après la disposition des ossements et leur examen attentif, que la sépulture avait eu lieu successivement et non brusquement; et qu'elle ne pouvait, selon lui, être le résultat soit d'un combat, soit d'une épidémie.

Ces renseignements si précieux me furent confirmés par M. de Breuvery, ainsi que par M. le docteur Le Piez.

De plus, on m'assura que, malgré le peu d'attention qui fut apporté alors à la conservation de cette sépulture, elle n'en avait pas moins été classée comme monument historique.

Je visitai l'emplacement désigné par M. Pauzières, et je n'y trouvai que quelques débris d'ossements humains, plusieurs silex taillés, et une pierre à aiguiser. (Collection de l'auteur.)

Un autre cultivateur, M. Gagné fils, m'assura qu'on avait aussi découvert, il y a quelques années, une tombelle en pierres sèches, dans laquelle il y avait un squelette; et le *champtier* où l'on avait fait cette découverte se nomme :

« LA TOUR AUX PAÏENS ! »

Cette coïncidence de sépultures, évidemment de l'âge de pierre, avec les ossements humains et les silex trouvés par moi, dans un lieu si singulièrement désigné, me donna beaucoup à réfléchir.

Il y avait certainement là une lacune à combler; il fallait essayer de retrouver au moins une partie de ce qui était perdu.

Voyons donc un peu, me dis-je, ce que c'est que ce plateau :

Le plateau de Marly est situé à deux kilomètres de Saint-Germain-en-Laye, on y arrive, en venant de cette ville, au moyen d'une rampe assez douce, qui longe la propriété de Monte-Cristo, illustrée par le séjour de notre grand romancier Alexandre Dumas.

Justement on faisait, au moment de notre passage devant cette propriété, de grands travaux de terrassement, et nous devons à la gracieuse obligeance du nouveau propriétaire, M. Lejeune, de pouvoir donner ici la composition géologique du terrain de ce plateau.

L'épaisseur de la terre végétale, sur toute l'étendue du plateau, paraît varier entre 50 et 70 centimètres; elle est le produit d'un limon boueux d'attérissement de couleur brun foncé.

Immédiatement au-dessous, on rencontre une couche d'argile assez puissante, puis le calcaire grossier, par bancs d'une grande épaisseur. En certains endroits, la couche d'argile est remplacée par une couche de sable marneux.

Sous le calcaire, on voit encore quelques filons d'argile grise, alternant avec d'autres filons de calcaire oxigéné.

Puis enfin la craie, dont il n'est pas possible d'apprécier la profondeur.

On a trouvé, dans ces différents dépôts, quelques fossiles, tels que le bois silicifié (Dicotylédone); plusieurs coquilles marines, dont le *cardium porulosum* du terrain parisien. (Collection de l'auteur.)

Enfin, nous devons à l'obligeance de M. Lemée, propriétaire d'une carrière de craie à Port-Marly, quelques mollusques de l'époque crétacée, des bélemnitelles et des échinodermes, etc. (Collection de l'auteur.)

La plaine, qui comprend toute l'étendue du plateau, est bornée, au sud, par le village de Marly, la vallée et la forêt de ce nom (ancienne forêt de Cruye); au nord, par les coteaux de Saint-Germain et de Mareil; à l'est, par la Seine et les routes nationales de Saint-Germain à Paris et à Versailles; enfin à l'ouest, par le village de l'Etang et les collines de Mareil et de Fourqueux.

Le sol est très-fertile; il est planté en vignes et en céréales.

En quittant la route que nous avons suivie de Saint-Germain à Monte-Cristo, et en tournant brusquement à gauche, nous nous trouvons en plein vignoble, dans un *champtier* dénommé au cadastre :

« LA TOUR AUX PAÏENS. »

Les lieuxdits sont presque toujours caractéristiques d'une époque, d'un temps ou d'un événement quelconque; ces lieuxdits, concurremment avec les justices, les camps de César, les voies romaines, etc., etc., que l'on trouve un peu partout, doivent être examinés avec soin, car ils renferment souvent des enseignements que ne peuvent pas toujours procurer ni les chartes, ni les cartulaires.

« LA TOUR AUX PAÏENS, »

Cette désignation devait avoir sa raison d'être, c'est ce qu'il s'agissait de rechercher.

Je retournai donc à Marly, pour me renseigner si faire se pouvait, et tout en cheminant, les yeux attachés à la terre, j'avisai tout à coup une très-jolie petite hache en pierre polie.

Diable! fis-je, voici déjà un renseignement à mettre de côté pour l'occasion. Voyons donc si nous en retrouverons d'autres.

Je trouvai, en effet, ce jour-là, dans le champtier dit *la Tour aux Païens*, plusieurs fragments de haches polies (grand modèle), et quelques restes de poterie de terre cuite. (Voir notre Collection.)

Je joignis ces objets à plus de deux cents silex taillés, antérieurement ramassés par moi sur toute l'étendue du plateau, et dont plusieurs sont des échantillons très-précieux (1). (Voir notre Collection.)

J'avais donc déjà un excellent renseignement : à savoir que si l'on trouve la pierre taillée sur toute l'étendue du plateau, on ne reconnaît l'existence de la pierre polie absolument que dans le *champtier*, dénommé *la Tour aux Païens*.

Qu'était-ce donc que cette tour, et examinons s'il n'en reste pas quelques traces?

J'eus beau parcourir le terroir, chercher et rechercher avec soin partout, mais je ne découvris absolument rien.

Je résolus alors de m'adresser aux gens du pays, espérant que la tradition m'apprendrait quelque chose. Les paysans ne savaient rien;

---

(1) Si j'avais conservé tous ceux que j'ai trouvés, ce serait par milliers qu'on les compterait.

l'un d'eux seulement m'indiqua un livre publié en 1861, par feu X. B. Saintine, qui a habité Marly pendant longtemps, et l'un des chapitres de ce livre était, disait-il, intitulé : *La Tour aux Païens.*

Je me procurai le livre de Saintine, et je dévorai le chapitre indiqué, mais, hélas! de science préhistorique, il n'en est pas question.

A peine y est-il fait mention d'une pierre druidique, où l'héroïne de la légende, car c'est une légende, va faire sa prière.

Quant au reste de l'histoire, c'est une imitation fort réussie d'un mystère du moyen âge, où *monseigneur le Dyable* joue un rôle fort important, comme on va en juger dans l'exposé sommaire qui suit : (1).

Au XI$^e$ siècle, sur le territoire de Marly, vivait un digne et brave gentilhomme, du nom de Guillaume Bernard, seigneur de Fontenilles.

Ce seigneur était jeune (il n'avait que vingt-

---

(1) Les deux ouvrages du moyen âge, auxquels Saintine dit avoir emprunté sa légende, sont : 1° Un in-12 gothique, intitulé : *Mystère du chevalier qui donne sa femme au diable;* 2° Un autre intitulé : *Come li Dyable se fist Turcq.*

L'ouvrage entier est intitulé : *Antoine, l'Ami de Robespierre.* Paris, Hachette et C$^{ie}$, rue Pierre-Sarrasin, 14.

trois ans); souvent ses yeux distraits avisaient, le dimanche à la chapelle, une jeune fille de quatorze à quinze ans, qui avait été consacrée à la Vierge.

C'était Jeanne de Montmorency, fille de Bouchard I$^{er}$, seigneur de Marly, dont il devint tout à fait amoureux.

Guillaume est pauvre et pour épouser Jeanne il n'y a plus qu'un moyen, Bernard se croisera,

Il prit la route d'Aigues-Mortes, où il alla s'embarquer.

Au bout de quelques temps le sire de Fontenilles rentra dans son pays, menant à sa suite un pauvre sarrazin, les bras étroitement bouclés.

Il était temps d'arriver, car déjà Jeanne était fiancée en mariage à Renaud de Beauvais.

Quant au sarrazin, le *païen*, il fut relégué dans une *tour* isolée.

Il se trouva que le sarrazin maudit était quelque peu magicien.

Il dit un jour à son seigneur et maître :

« Tu veux épouser Jeanne ! »

Eh bien ! Jeanne sera ta femme, si tu souscris à mes conditions.

— Quel gage exigez-vous !

— D'abord, renie Dieu le père !...

— Vous êtes donc Satan en personne?

— Qu'importe! si tu n'acceptes pas, Jeanne épousera Renaud.

Bernard, non sans avoir longtemps hésité, renia Dieu le père...

— C'est bien, mais cela ne suffit pas; renie Dieu le fils, maintenant.

— Comment! ce n'est pas assez du premier gage?

— Renie Dieu le fils!

Et Bernard renia Dieu le fils...

— Mais cela n'était pas encore fini; le sarrazin commanda à Bernard de renier aussi madame la Vierge.

— « Jamais!... la vierge, une femme! Que
« j'outrage ainsi ma confidente, ma divine
« amie, ma dévotion particulière, jamais!... Je
« ne renierai point la mère des anges, dont je
« suis et veux rester le fidèle zélateur. »

Sur ce dernier reniement, Bernard resta inflexible, et le sarrazin, qui vit bien qu'il n'obtiendrait rien de plus, lui dit alors :

— « Reste! par la foudre et les éclairs, ton
« obstination a vaincu la mienne; changeons
« nos conditions. Je te dispenserai de ton
« troisième reniement; mais, au lieu de dix
« années, tu n'en passeras que trois auprès
« de Jeanne, trois, tu m'entends! après les-

« quelles c'est à moi qu'elle appartiendra ! »

Dans ce nouveau pacte, dit la légende, Bernard ne vit d'abord qu'un avantage pour lui, c'est qu'il ne laisserait son âme en gage que pendant trois ans, au lieu de dix.

Il accepta donc le marché, le signa de son propre sang; sa fiancée, qui le détestait auparavant, en devint subitement éprise et le mariage fut célébré pompeusement.

Mais, hélas! trois ans sont bientôt passés, le sire de Fontenilles vit arriver avec terreur le moment fatal.

Abattu par le chagrin, torturé par le remord, il devint le plus malheureux des hommes!

Heureusement pour lui, sa femme avait une dévotion particulière à madame la Vierge. « Un « jour, qu'elle se rendait aux Vaux-de-Cernay, « pour voir son frère devenu anachorète, elle « se mit en prières près d'une *pierre druidique* (1). »

Les prières de madame Jehanne furent si ferventes, dit encore la légende, « que la Vierge prit

---

(1) C'est la seule fois que Saintine parle d'un objet préhistorique.

« en miséricorde celui-là même qui n'avait
« pas voulu la renier, et, se présentant en son
« lieu et place devant Satan; elle parvint à lui
« arracher sa proie.

Le prince des ténèbres fut précipité dans les entrailles de la terre, et on n'en entendit « oncques » parler.

« Le lendemain, à la place où avait été la
« pierre druidique, on voyait une profonde
« excavation, semblable au cratère d'un vol-
« can, et toute sillonnée par la trace des flam-
« mes. C'est par là que le tentateur, vaincu et
« cachant sa honte, avait disparu.

« Ce lieu, on le nomma, on le nomme encore
« *le trou d'enfer!* »

Quant à la dénomination de *Tour au païen*, qui fait l'objet du livre de Saintine, le charmant auteur de *Picciola*, oublie de nous dire comment elle est venue et l'époque de son origine; mais il donne à penser, cependant, qu'elle résulte, du séjour du sarrazin maudit dans une des tours du château de Fontenilles.

Selon lui, cette origine ne remonterait pas au delà du xi<sup>e</sup> siècle, qui est en effet la période historique la plus reculée du comté de Marly (1).

---

(1) Voir Dulaure et l'abbé Lebœuf.

Tout en prenant acte de cette date fort respectable, nous nous sommes demandé si, à cette époque, le territoire en question ne portait pas déjà le même nom qu'aujourd'hui, et si quelques chroniqueurs, ne sachant comment justifier cette dénomination, n'auraient pas jugé à propos de composer là-dessus un très-joli *mystère*.

On conviendra que si la solution, telle que nous la donne Saintine, était bonne du temps où *le dyable se fist Turcq*, elle ne paraîtrait plus suffisante aujourd'hui.

Nous en avons donc recherché une autre, moins poëtique, mais beaucoup plus en rapport avec les connaissances reçues et admises par la science préhistorique.

« Ce sont les inductions, dit M. de Maricourt,
« dans la brochure qu'il a bien voulu nous
« adresser (1), qui nous ont permis de recons-
« truire avec probabilité l'état social primitif,
« en inspectant les outils, les débris de toute
« nature, restes de nos sauvages ancêtres, etc. »

Sous ce rapport, nous croyons avoir assez

---

(1) Les études préhistoriques, brochure in-12, par M. le comte de Maricourt, de la Société archéologique de Senlis.

de matériaux pour reconstruire à notre Tour aux païens, une origine remontant à des milliers d'années.

Ces matériaux, ce sont nos deux ou trois cents pierres travaillées, dont le témoignage indiscutable, viendra tout naturellement se relier aux sépultures déjà découvertes sur le plateau.

Et ces pierres, rebutées depuis des temps presque fabuleux, enfouies dans le sol, brisées par les instruments de culture, usées par le frottement, nous sommes allé les rechercher sous la terre qui les recouvrait souvent à une profondeur de 30 ou 40 centimètres.

C'était cependant les mêmes pierres que j'avais autrefois reniées, et de l'authenticité desquelles j'avais douté si obstinément ; j'allais maintenant par tous les temps les recueillir, ne craignant pas de me souiller les mains de l'argile boueuse qui les dérobaient d'abord à ma vue.

Alors, avec amour, en rentrant chez moi, je pansais leurs vieilles blessures, lavant leurs affreuses cicatrices, puis, les posant avec précaution sur des rayons de bois, je me surprenais souvent à causer avec elles !

Elles m'ont déjà appris bien des choses que j'ignorais, et en ma qualité de breton d'origine, je serais presque tenté de les reconnaître comme Fées.

Mais, je m'arrête, on pourrait, avec quelque raison, supposer que je vais retomber en pleine légende.

En attendant, nous allons de ces pierres donner une description succincte, nous aidant pour cela de l'intelligent tableau de la brochure de M. de Maricourt (1) :

## ÉPOQUE PALÉOLITIQUE

### (PIERRE TAILLÉE.)

1° Type de Thenay ; nous n'avons que quelques rares exemplaires que nous avons trouvés associés à un grand nombre d'autres cailloux, ayant aussi subi l'action du feu. (Plusieurs savants ont fait remonter ce type à la période tertiaire, nous croyons en ceci devoir réserver notre opinion.)

2° Type dit de Saint-Acheul. Les silex imitant ce type de fabrication sont en assez grand nombre dans notre collection, nous pouvons

---

(1) Bien qu'en ces sortes de choses nous ne soyons pas partisan des systèmes et des classements, nous avons cependant cru devoir accepter celui-ci, comme étant d'une grande simplicité et d'une facile compréhension.

présenter notamment plusieurs pointes de lances ou petites hachettes, ainsi que d'autres instruments dont l'usage nous est inconnu.

3° Type dit de Solutré; quelques exemplaires, mais assez rares.

4° Type du Moustier; nombreux exemplaires, pointes de lances, de flèches, ciseaux, grattoirs, racloirs, et une foule d'autres instruments.

5° Type de la Madeleine; beaucoup de couteaux, éclats, pointes de lances, de flèches, perçoirs, nucléi, pilons, percuteurs, fragments de grosses haches et de lances, paraissant se rattacher à ce mode de fabrication.

En général, le type de ces silex taillés est bien accentué, les arrêtes en sont encore très-vives, et le bulbe de percussion bien déterminé.

La patine varie entre le gris et le bleu foncé, quelquefois elle est entièrement noire. Nous avons compris dans cette époque un certain nombre de débris d'ossements humains, ainsi que des dents de cheval, bœuf, cerf, chien, etc., évidemment fossiles.

## ÉPOQUE NÉOLITHIQUE
### OU DE LA PIERRE POLIE.

Les armes et les instruments de cette période

de l'âge de la pierre sont assez rares sur le plateau de Marly, et, chose remarquable, on ne les trouve absolument que sur le territoire appelé « la Tour aux païens. »

Type dit de Rabenhausen ; nous possédons plusieurs petites hachettes très-bien conservées, des fragments de grosses haches polies comme du marbre, dont la pierre est totalement étrangère à celle qu'on trouve sur le plateau.

A ces objets nous avons réuni de délicieux spécimens très-perfectionnés de silex retaillés, qui, selon nous, doivent appartenir à une époque de transition entre le silex taillé et la pierre polie, ce sont :

Plusieurs pointes de flèches d'un travail précieux, un poignard et une scie retaillés et différents autres objets du même genre.

Nous avons également classé dans cette catégorie plusieurs cols de vases en poterie grossière, et quelques fragments de terre cuite (Voir notre Collection.)

Maintenant revenons-en à

### « LA TOUR AUX PAÏENS, »

c'est un endroit charmant du plateau, situé de façon à dominer toute la vallée, depuis Saint-Germain jusqu'à Montmorency, si j'avais quelque fortune, j'y ferais construire ma maison. J'y bâtirais un observatoire, et ce serait probablement la première construction de ce genre, car de tour il n'en est aucunement question.

Nous avons, Dieu merci, assez parcouru le terrain, le sondant, le fouillant même, et nous n'y avons pas trouvé la moindre trace d'un édifice quelconque.

Enfin, fatigué de rechercher inutilement, nous nous sommes adressé à un érudit en ces sortes de choses, M. Maquet (1). de la Société archéologique de Rambouillet, qui habite Marly, et voici ce qu'il nous a écrit, tant sur l'existence de la susdite tour, que sur celle du château de Fontenilles :

« Je m'empresse de répondre à ce que vous
« désirez savoir, sur l'existence d'une tour, dite
« au païen, située non loin de la partie du ter-
« ritoire de Marly, appelée les grandes terres.

« J'ai interrogé bien souvent les vieillards
« et les vignerons du pays à ce sujet, et je n'ai
« rien appris.

« Tous, cependant, connaissent parfaitement

---

(1) M. Maquet est le savant auteur de *l'Histoire des Seigneurs de Noisy-le-Roi*, dont nous avons dernièrement entretenu le lecteur.

« ce canton du vignoble de Marly, mais aucun
« d'eux n'a jamais pu me montrer l'emplace-
« ment de la *tour*.

« L'on est donc réduit aux conjectures et
« aux probabilités.

« M. Saintine n'a pu que s'appuyer sur une
« tradition locale plus ou moins erronée, pour
« composer sa jolie légende, etc. »

Voilà pour la tour; voyons maintenant ce que nous dira l'histoire en ce qui concerne le château de Fontenilles?

Dulaure, dans son *Histoire des environs de Paris*, nous apprend qu'au XIe siècle (en 1042, selon Mézeray), « Galeran, comte de Meulan,
« se révolta contre Henri Ier; son comté fût
« confisqué au profit du monarque et réuni à
« la couronne. »

De son prétendu neveu, le sire de Fontenilles, il n'en est pas un seul instant question.

L'auteur de l'*Histoire des seigneurs de Noisy-le-Roi*, consulté à ce sujet, nous donne plus de détails :

« Je ne crois pas non plus, dit M. Adrien
« Maquet, qu'il ait existé des descendants de
« l'illustre maison de Meulan, du nom de sire
« de Fontenilles. La maison de Meulan avait
« formé les branches des seigneurs de La
« Queue, de Gournay et de Neubourg, éteintes en

« 1360, celle des vicomtes d'Evreux, seigneurs
« d'Aubergenville, éteinte au commencement
« du XIVe siècle, et celle des seigneurs de
« Courcelles et de Saint-Paër, éteinte vers
« 1438. Une fontaine, seule, pourrait peut-être
« rappeler ce nom de Fontenilles, elle est si-
« tuée sur la route de Saint-Germain à Saint-
« Cyr, par Marly, à gauche en arrivant près
« des murs et des jardins qui avoisinent la
« Croix-Rouge, à l'entrée de Marly, et encore
« cette fontaine est-elle nommée Fontenelle,
« et non Fontenilles. Il ne devait y avoir, à
« l'époque féodale, sur le territoire de Marly,
« aucun autre *castrum* que celui des sires de
« Marly, construit sur l'emplacement de la
« maison que Blouin fit bâtir au commence-
« ment du XVIIIe siècle et qui appartient au-
« jourd'hui à M. Victorien Sardou. »

De ce qui précède, il résulte, et cela nous
paraît à peu près prouvé, qu'il n'y avait sur
le plateau de Marly, ni tour ni château. Il ne
nous reste donc plus maintenant qu'à établir :

1° Que le plateau de Marly a été, dès les
temps préhistoriques, le siége important d'une
grande réunion d'hommes.

2° Et que la désignation de *Tour aux païens*,
donnée à une partie de ce plateau, remonte
beaucoup plus loin que le XIe siècle.

Nous avons dit en commençant : que, par suite de l'inondation des parties basses du bassin préhistorique de la Seine, les habitants de ces contrées avaient dû se réfugier sur les hauteurs.

Nous allons plus loin ; nous supposons que ces réfugiés étaient contemporains de l'époque du Mammouth !

Nos observations dans les sablières qui avoisinent la Seine, notamment dans celle du Pecq, appartenant à M. Antoine Béché, entrepreneur à Saint-Germain, nous ont permis de constater que l'homme primitif y a laissé, (dans le *Diluvium* (1), un grand nombre d'instruments à son usage, lesquels sont mêlés à des dents de l'*elephas primigenius* (2).

Ces sauvages populations du plateau venaient donc des lieux bas qu'elles avaient habités pendant des milliers de siècles peut-être.

---

(1) Alluvions quaternaires.

(2) Dernièrement encore, M. Lambert père, ouvrier terrassier, a trouvé, dans la sablière du Pecq, une magnifique molaire de l'éléphant antique. Cette molaire mesurait 28 centimètres de longueur sur 18 centimètres de large. Le même, nous a remis environ cent à cent cinquante silex taillés indiscutables, trouvés dans la même couche de gravier.

Comment ont-elles pu traverser la Seine pour se réfugier sur les hauteurs ?

Cette question ne nous embarrasse pas, on sait que dès les temps les plus reculés, l'homme se servait de pirogues creusées au moyen du feu (1).

Rien ne nous prouve, d'ailleurs, que l'invasion du bassin de la Seine ait été aussi subite que M. Belgrand le suppose.

Cette inondation a pu s'annoncer par des phénomènes précurseurs, qui ont averti de l'imminence de ce grand cataclysme.

Actuellement encore, la Seine, un des plus tranquilles de nos fleuves, ne procède que lentement et progressivement.

Mais, remontons sur notre plateau.

Ici les preuves matérielles abondent : les silex taillés, les pierres polies, les sépultures garnies de dalles de grès ne nous feront pas défaut.

Elles prouveront, autant toutefois que l'affirmation est permise en ces sortes de choses, que l'occupation du plateau a commencé dès les premiers âges de la pierre taillée *temps paléolitiques*, et qu'elle n'a pris fin que vers les

---

(1) Voir au Musée gallo-romain. — On a trouvé, en Norwège, des barques qui remonteraient encore à une plus haute antiquité.

derniers temps de la pierre polie *(époque ou période néolitique.)*

En effet, de la forme rudimentaire de certains silex taillés, nous avons conclu que les premiers habitants du plateau de Marly, obligés à une retraite précipitée, ont dû, pour se défendre, se nourrir et pourvoir leurs premiers besoins, se servir de tout ce leur tomber sous la main.

Pour se défendre d'abord ensuite les animaux nécess ture, un éclat tranchant du emmanché dans un os ou leur suffira d'abord.

Puis, plus tard, lorsque l'ordre que l'effroi aura fait place à la tranquillité, une sorte de société se fondera. Elle aura ses lois, sa religion, ses relations commerciales.

Elle aura aussi un important atelier de fabrication d'armes et d'instruments de toutes sortes.

La matière première, le silex, nous l'avons dit, ne manque pas.

On perfectionnera donc ces armes et ces outils; pour un de parfait, combien de manqués ? On les rebutera d'abord, on les utilisera ensuite, car il s'agit de préparer de nombreuses peaux de bêtes pour se vêtir et confectionner des abris.

Et, l'instrument rebuté sera repris, c'est un silex, plat en dessous et coupant sur les bords.

Ce silex sera un grattoir ou râcloir; c'est en effet l'instrument qui domine dans notre collection.

Les tables de pierres, les dolmens, les menhirs, vont bientôt se dresser sur le sol; peut-être même le sang humain va-t-il couler dans les sacrifices.

On a apporté là, à grands renforts de bras, ou plutôt on a roulé sur des troncs d'arbres, des grès énormes, dont on rencontre encore aujourd'hui des traces incontestables (1).

Ce grès, le sol ne le produit pas, il faut aller le chercher assez loin du plateau. On n'a rien en mécanique, sans doute, mais on y supplée par un plus grand nombre de travailleurs.

L'occupation tranquille et assurée de la plaine et de la forêt tout entière ne suffit bientôt plus à cette agglomération.

La population s'est augmentée, on se trouve

_____

(1) Le 3 novembre dernier, un cultivateur de Marly, a découvert dans son champ une dalle en grès, mesurant 1 mètre 30 de surface sur 25 centimètres d'épaisseur. Il existe, sur toute l'étendue du plateau, plusieurs têtes de pareilles dalles qu'il serait utile de fouiller.

à l'étroit, il faut se créer des débouchés, on établira des relations avec les tribus voisines.

Si d'un côté (au nord-est), la Seine, avec son vertigineux courant de 20 mètres à la seconde, (M. Belgrand) ne permet pas de mettre les barques à l'eau, — On a près de soi deux grands golfes (1) aux eaux profondes, mais tranquilles qui permettront le passage sur les hauteurs voisines (2).

Et, s'il y a encore trop de péril à s'embarquer, on pourra suivre la crête des hauteurs dans le fond de la vallée (3).

Des communications seront d'abord établies avec les fractions de tribus qui sont campées sur le versant nord du plateau voisin (4), qu'on aperçoit de celui de Marly, puis, ces communications s'étendront encore, et atteindront enfin la grande tribu d'Épône.

La grande tribu d'Épône, où l'on adore le

---

(1) Les golfes formés par la Seine préhistorique dans les vallées du rû de Buzot et du rû de l'Etang.

(2) Les hauteurs de Saint-Germain.

(3) La crête de la forêt de Marly qui relie l'Etang à Mareil et Fourqueux (*Voir la carte de l'état-major*).

(4) Le Plateau de Saint-Germain. Ces fractions de tribus sont probablement les mêmes qui, plus tard, converties au christianisme fonderont la petite cité mérovingienne de Saint-Léger au sud de Saint-Germain.

grand Dieu (1), doit avoir ses relations assurées avec la nation Armoricaine des bords de l'Océan.

Les chemins sont déjà assez fréquentés pour être reconnus, le commerce s'établit.

On trafiquera de peaux de bêtes, au moyen de coquillages ou de *nummulites* (2), ce sera la monnaie courante; pour les grandes transactions, on échangera les haches, et autres instruments de pierre.

Une longue suite de *siècles* s'écoulera; la Seine peu à peu rentrera dans son lit, on pourra alors la traverser de nouveau, pour aller constater ses ravages, et rechercher les objets abandonnés par les ancêtres lors de leur fuite précipitée.

Mais hélas! que de changements! la tradition, religieusement conservée, disait qu'ils avaient laissé des trésors, et on ne retrouve plus qu'une épaisseur considérable de sable et de graviers sur les lieux habités autrefois par eux (3).

Peu importe; désormais le sol autrefois submergé, redevient solide, de nouveaux établissements s'y formeront (4).

---

(1) Voir plus loin.
(2) Petites pierres plates et rondes imitant une pièce de monnaie.
(3) Dans la sablière du Pecq, cette épaisseur est environ de 7 à 8 mètres.
(4) Comment expliquer autrement la présence des

De nombreuses années se passeront encore. Tout-à-coup, au milieu du calme le plus profond, un cri de terreur retentit sur le plateau.

L'invasion étrangère approche !

Les relations de tribus à tribus, avaient bien fait connaître que depuis des centaines d'années (cinq siècles environ), l'étranger (les Romains), avait assuré sa domination dans le sud des Gaules.

Mais rien jusqu'alors, ne pouvait faire prévoir qu'il s'étendrait vers le Nord.

C'est qu'un grand conquérant, un de ces demi-dieux, qui n'apparaissent que tous les mille ans, est né chez le peuple ennemi.

César a résolu de conduire ses légions invincibles dans la Grande-Bretagne !

Il faut donc se préparer à la guerre sainte, à la guerre nationale ! Toutes les tribus enverront leurs contingents pour repousser l'ennemi commun.

Le vrai Celte ne craint pas la mort !

Il aiguisera ses haches en silex, et ses flèches de pierre à pointes barbelées.

Les femmes, les vieillards et les enfants, se-

---

silex taillés que l'on trouve parfaitement conservés dans le sol végétal des plaines du Vésinet, de Chatou, Croissy, Montesson, le Pecq, etc., etc. ?

— 36 —

ront au besoin évacués sur la tribu d'Epône, près de l'endroit où l'on adore le *Dieu de la Mort* (1).

Le grand Chef, revêtu de son vêtement de peau des grandes solennités, parcourra le campement.

Il donnera l'ordre d'enterrer les pierres sacrées ; dorénavant rien n'indiquera plus les sépultures, et le Celte dormira dans: heur be coachet dinnam an douar ! (une tombe cachée sous la terre). (2)

Toute la tribu se met donc à l'œuvre; les uns creusent des fossés autour du camp, d'autres au moyen de branchages entrelacés, transportent la terre; le reste est chargé d'assurer la subsistance au moyen de la pêche et de la chasse.

Mais César, après avoir massé ses innombrables légions près du temple d'Isis (3), autour

---

(1) Flins. — Les anciens Vandales, dit le Dictionnaire des Sciences occultes p. 634, adoraient sous ce nom une grosse pierre qui représentait *la Mort*. Ces peuples croyaient que cette divinité lorsqu'elle était de bonne humeur pouvait les ressusciter après leur trépas. On sait que le village de Flins est limitrophe du territoire d'Epône (Département de Seine-et-Oise).

(2) Breton vulgaire du Morbihan.

(3) Essais historiques de Saint-Foix (*Par'Isis*), éti-

d'une petite tribu de mariniers assez éloignée, continue sa marche vers le Nord.

Le plateau d'ailleurs est entouré de forêts inpénétrables, l'ennemi sait par expérience qu'elles sont un rempart assuré, et qu'elles renferment quelquefois une nation toute entière, il en remettra donc la conquête à plus tard.

De longues années de tranquillité s'écouleront encore, mais cette tranquillité ne sera plus que relative.

L'établissement de plusieurs bourgades sur les confins du plateau y sont déjà venues semer l'inquiétude.

Ce sont probablement des Gaulois dispersés par l'invasion, qui viennent s'établir sous des tentes dans la forêt.

Mais ils abattent des arbres avec des outils nouveaux et très-perfectionnés (1) ; ils amassent des pierres, et bientôt, des huttes d'un autre genre que celles qui sont connues jusqu'à ce jour, vont apparaître aux yeux étonnés des habitants du plateau.

---

mologie de Paris de deux mots grecs. On sait que les langues grecque et celtique ont un certain lien de parenté.

(1) En pierre polie, on en a trouvé près et au delà de Marly.

Les nouveaux arrivants relient leurs matériaux au moyen d'un ciment également inconnu ; leurs coutumes sont étranges ainsi que leurs vêtements bariolés de mille couleurs (1).

La curiosité a toujours été le défaut capital de la femme, dit-on, mais nous ne le croyons pas. Cependant, plusieurs habitantes du plateau se sont aventurées jusqu'au près de ces étrangers, elles en ont rapporté des amulettes et quelques haches en pierre polie comme du marbre qui leur ont été offertes en cadeaux.

Elles ajoutent, que les nouveaux arrivants sont d'un caractère doux, pacifique, et qu'ils seraient heureux d'entrer en négociations avec la tribu du bord de l'eau.

Pour toute réponse, celle qui a porté la parole reçoit un coup de javeline sur la tête, elle tombe, la pointe de cette arme lui est entrée profondément dans le cuir chevelu (2).

Les bourgades s'accumulent sur le versant

---

(1) Voir l'histoire de France par ses monuments (Edouard Charton).

(2) Plusieurs habitants de Marly m'ont assuré, que dans un des crânes de femme trouvés dans la sépulture (Pauzières), on avait reconnu une entaille très-profonde paraissant avoir été faite au moyen d'un instrument tranchant, une hache ou javeline, sans doute à pointe de silex.

de la vallée qui fait face au plateau, les habitants en paraissent nombreux, l'inquiétude renaît alors sous les tentes du bords de l'eau.

Le grand conseil se rassemble ; le chef principal de la tribu prend la parole, il exprime ses craintes sur le nouveau voisinage.

Depuis des milliers de siècles, dit-il, la tribu est restée fidèle à ses anciennes mœurs, à ses dieux, à ses vieux usages, et les nouveaux venus ne font aucun cas du *gui sacré*.

Déjà, ils ont entraîné un certain nombre de nos frères, ils cherchent encore à en entraîner d'autres, leurs avances ont été constamment repoussées, mais il est temps de prendre des mesures sévères pour empêcher la désertion de s'étendre.

Le grand conseil va aux voix, il prononce d'un unanime accord la sentence de mort contre quiconque s'abouchera avec les *étrangers* (1).

Les *étrangers*, eux, paraissent vivre paisiblement, ils bâtissent de grandes huttes de pierres pour en faire leurs demeures, et sur la plus éle-

---

(1) Un cultivateur de Marly, M. Gagné père, je crois, m'a raconté qu'il savait par son aïeul, qu'une tribu sauvage avait habité *autrefois* sur le plateau, à la Tour aux Païens, et que jamais cette tribu n'avait voulu s'allier «*aux gens de Marly*».

vée d'entre elles, ils ont croisé deux branches d'arbre. C'est sans doute un signe de ralliement.

Oui, car c'est le signe de la croix! Ce signe, c'est la paix, que malgré leurs farouches voisins, ils viendront encore leur proposer, mais ceux-ci les repousseront brutalement.

Les sauvages émigreront plutôt que de changer leurs Dieux!

Le grand conseil de nouveau se rassemble, le grand prêtre, cette fois, prend la parole ; il tonne d'abord contre l'impiété d'une certaine partie de ses ouailles, qui est, dit-il, sur le point d'abandonner la religion des ancêtres; puis il insinue qu'il n'y a qu'un moyen, un seul, d'arrêter ces funestes exemples, c'est l'émigration en masse.

Cette proposition soulève de grands murmures dans l'Assemblée : comment, on quitterait ainsi un lieu qui a été si propice depuis une longue suite de siècles, et où reposent tant de générations!

Le chef suprême, ce vieillard à barbe blanche, que l'on révère comme le père de la tribu, partage l'avis du grand prêtre.

Comme lui, il ne voit qu'un remède au mal qui se propage :

Il faut émigrer vers le pays des *pierres levées du bord de la mer.*

Deux courants s'établiront :

L'un aura lieu sur le Nord, par Epône (1);

L'autre se fera sur l'Ouest, en passant par Chartres.

Le Conseil va aux voix, mais cette fois, l'accord n'est pas unanime, des dissidences se produisent, plusieurs fractions de tribus s'obstinent à demeurer sur le plateau. Elles veulent mourir à l'endroit qui les a vues naître et où reposent les os des ancêtres.

Une de ces fractions demeurera au bord de l'eau; l'autre ira s'établir près de la *haute pierre* (2), où se font les offrandes et les sacrifices.

On y enterrera les morts : et afin d'être à la hauteur de la nouvelle civilisation, on se procurera des armes polies dans le genre de celles des nouveaux voisins (3).

---

(1) On trouve la pierre polie à l'Etang-la-Ville, à Chambourcy, à Ecquevilly, route d'Epône par les plateaux.

(2) M. Maquet, auquel je dois tant de renseignements sur Marly, m'informe que sur un vieux plan de la commune de l'Etang-la-Ville, dressé en 1702, on voit parfaitement indiquée, cette *haute pierre*, qui a donné son nom à un champtier du territoire, et que le cadastre a conservé jusqu'à ce jour.

(3) C'est sur les lieux dits la tour aux païens et à

Quant à ces derniers, rebutés dans leurs avances réitérées, ils renonceront enfin à leurs tentatives de conversion. Mais pour eux, la pierre levée de la tribu du bord de l'eau, qui pourtant n'est pas d'une dimension colossale, représentera une *tour* (1).

Les femmes et les enfants, le soir, se détourneront avec effroi de ce monument grossier, devant lequel les hommes se contenteront de se signer.

Et quand, réunis devant l'âtre, ils se rappelleront les avances qu'ils ont faites, et les rebuffades qu'ils ont reçues, eux, qui sont déjà de fervents chrétiens, ils n'auront plus qu'un nom à ajouter à cette tour sinistre, celui de *païens*, et la tour deviendra :

LA TOUR AUX PAÏENS !

Voilà ce que nous ont raconté nos pierres, et

---

l'Etang, qu'on rencontre la pierre polie. C'est également sur la tour aux païens qu'on a découvert une tombelle de l'époque Gallo-romaine.

(1) Plusieurs menhirs, en Bretagne, sont de dimensions assez grandes pour être de loin pris pour des tours (voir les notes de la fin). On rencontre encore sur le territoire de Marly, des blocs de grès d'assez

ce que nous croyons fermement depuis qu'elles nous ont parlé (1).

« *Si cela est ou non*, dit souvent *Mézeray* » dans son abrégé *chronologique* « *je ne m'en porte pas garand.* »

Nous ne nous portons pas « *garand* » non plus de ce que nous avons avancé; cependant, nous osons affirmer que notre manière de résoudre la question est bien plus près de la vérité, que celle qui est énoncée dans la légende *du Dyable qui se fist turcq* (2).

Nous terminerons enfin par une citation que nous avons été assez heureux de découvrir dans le bulletin de la Société des sciences de Semur (Côte-d'Or), année 1865.

..... « Il y avait donc, dans l'Auxois, pendant
« la domination romaine, des villages Gallo-
« romains et des bourgades purement Gauloi-
« ses. Ces dernières étaient habitées par des

---

fortes dimensions pour avoir fait partie d'une de ces pierres levées.

(1) La lithomanie ou la divination par les pierres parlantes, n'a cependant pas été invoquée par l'auteur.

(2) Il est bien entendu ici qu'il n'est et ne peut être question que du point de vue historique ou préhistorique, nous ne pouvons qu'admirer la légende, au point de vue littéraire, Saintine a voulu faire une charmante légende, et il a parfaitement réussi.

« Arbrennes, vivant à la manière antique,
« c'est-à-dire en communautés, en subdivisions
« de tribus; et, comme la tribu s'appelait *Pa-*
« *gus*, ceux qui vivaient ainsi portaient le
« nom de *pagani*.

« Les pagani, attachés aux anciennes cou-
« tumes, se convertirent lentement au chris-
« tianisme, de là est venue cette appellation
« de « *païens* », appliquée aux adorateurs des
« faux dieux. » (Des vestiges de la domination
romaine dans le pays d'Auxois par J.-J. Loc-
quin, de la Société des sciences de Semur)
(Côte-d'Or) 1865.

Nous sommes heureux d'avoir rencontré
cette citation qui vient corroborer l'opinion que
nous nous sommes faite sur l'origine de notre
« tour aux païens. »   P. G.

*P.-S.* — Nous faisons suivre cette notice de
quelques considérations historiques et préhistoriques qui nous ont paru indispensables.

### NOTES COMPLÉMENTAIRES.

Nous donnerons d'abord la priorité à ce passage :

« Les prières de madame Jehanne furent si
« ferventes, etc., etc. »

S'il fallait ajouter foi au charmant récit de

X.-B. Saintine, et si le moindre fait historique venait le confirmer, on n'aurait plus qu'à s'incliner, car :

« *La cronique del vaillant Guillelme seroist ung vray mirascle !* »

Mais si l'on s'en rapporte au silence de l'Eglise et au peu de mémoire des habitants de Marly, il est permis d'en douter.

En effet, les habitants de Marly, qui, dès le $XI^e$ siècle, étaient de fervents catholiques, ayant deux églises et un prieuré (1), n'auraient pas manqué de constater un fait si remarquable et d'en célébrer pompeusement les anniversaires, tandis qu'ils se contentent de ne fêter que leur patron qui est Saint-Vigor.

« *La pierre druidique, la pierre levée, le*
« *menhir enfin, placé au milieu du dernier*
« *campement sera la* TOUR *!*

M. de Caumont, dans son cours d'antiquité monumentale, t. 1, p. 65, s'exprime ainsi sur les menhirs :

« Les pierres levées, que l'on connaît aussi
« sous le nom de *menhirs*, peulvans, pierres
« fiches, etc., sont des pierres brutes d'une
« forme allongée, implantées verticalement
« dans la terre comme des bornes; leur hau-

---

(1) Dulaure, histoire des environs de Paris.

« teur varie depuis quatre pieds jusqu'à *vingt*
« et au delà.

« Ces pierres sont isolées ou réunies par
« groupes plus ou moins considérables. Les
« pierres levées sont, en même temps, les mo-
« numents les plus simples et les plus nom-
« breux de l'époque Celtique, quoiqu'on en ait
« détruit une quantité considérable depuis dix-
« huit siècles (1). Il en reste encore dans pres-
« que tous nos départements du Nord et de
« l'Ouest. C'est surtout en Bretagne qu'ils sont
« très-nombreux, ainsi que les autres monu-
« ments celtiques... Un grand nombre d'anti-
« quaires pensent que les pierres levées, iso-
« lées ou réunies en petit nombre, ont été des-
« tinées à honorer les dépouilles mortelles des
« Celtes, parce qu'on a souvent trouvé des osse-
« ments humains enterrés près d'elles. Plu-
« sieurs passages des poésies d'Ossian parais-
« sent favorables à cette opinion, mais on croit
« aussi que souvent c'était des espèces d'idoles
« regardées comme l'emblême de la divi-
« nité, etc., etc. »

---

(1) Plusieurs de nos rois de l'époque Mérovingienne, à l'instigation du clergé, ont fait détruire un grand nombre de ces monuments. En Bretagne, beaucoup de menhirs ont été ornés d'une croix en fer.

Maintenant voici en quels termes parle des menhirs M. l'abbé Corblet, dans son *Manuel élémentaire d'archéologie nationale*, p. 15.

« Les menhirs sont des monolithes de forme
« allongée, implantés verticalement dans la
« terre à une assez grande profondeur. Leur
« hauteur varie de deux à *dix* mètres. Le plus
« grand qu'on ait signalé jusqu'alors est celui
« de Locmariaker (Morbihan), qui dépasse
« *vingt* mètres.

« On a hasardé diverses conjectures sur la
« destination de ces grossiers obélisques : les
« uns n'y ont vu que des pierres limitantes
« élevées en l'honneur du dieu *Mark*, qui,
« chez les Celtes, avait les mêmes attributions
« que le *Thot* des Egyptiens et le *Terme* des
« Romains ; les autres en ont fait des idoles, et
« ont cru voir un grossier essai de représenta-
« tion humaine dans les *peulvans*.

« On pense plus généralement que ces pier-
« res étaient élevées tantôt en commémoration
« de quelque événement remarquable, tantôt
« comme un monument funéraire. Cette der-
« nière destination nous est démontrée par les
« restes de charbon mêlés à des ossements hu-
« mains que les fouilles font découvrir au pied
« des menhirs. »

Ces opinions d'hommes très-compétents dans

l'état d'incertitude que présentent les études sur les menhirs sont très-remarquables, mais il est bon cependant de rester dans une prudente réserve.

Quoiqu'il en soit, si le menhir que nous supposons avoir existé sur le lieu dit la tour aux païens (1) avait eu seulement la moitié des dimensions de celui de Locmariaker, on peut très-bien admettre que de loin on ait pu le prendre pour une *tour*.

« *Le département de Seine-et-Oise, me disait*
« *souvent le père Beaune, est plus riche qu'on ne*
« *pense en monuments mégalithiques* (2).

Du temps du père Beaune, on ne connaissait guère dans ce département que le dolmen d'Epône.

Depuis, on en a découvert d'autres.

Ainsi, à Saint-Léger-en-Yvelines, on a le dolmen dit *la pierre ardroue*; à Chars, un monument de la même époque, dit *la pierre qui tourne*; dans la forêt de Carnelle, *la pierre turquoise*; à Argenteuil, *une allée couverte*; à Meudon, *un petit dolmen*; deux *menhirs* à Bruyères-

---

(1) Et dont à la rigueur on pourrait retrouver des morceaux.

(2) On comprend sous cette dénomination toutes les pierres levées, branlantes, tournantes, tables d'autel de sacrifices, allées couvertes, etc., etc.

le-Châtel, et un autre, dit la *pierre-fritte*, à Villeneuve-le-Roi.

On peut désormais ajouter à cette nomenclature le dolmen de Conflans, et l'allée couverte de Marly (1).

Nous avons visité le dolmen d'Epône, et nous croyons utile d'en donner ici une succincte description, afin d'en faire reconnaître la différence de construction avec celui de Conflans.

Près de la ligne du chemin de fer de Rouen, sur le territoire d'Epône, et à environ 500 mètres de la Seine, on rencontre deux énormes tables de pierre d'environ 1 mètre 25 centimètres de hauteur, sur une longueur totale de 12 mètres 50 centimètres, et 43 mètres de tour.

Une troisième table est à moitié enfouie dans le sol, elle a 5 mètres de tour, 1 mètre 40 de large et 2 mètres de long. Ces blocs considérables sont en calcaire siliceux (meulière), ils sont supportés par d'autres pierres de moindre dimension, en meulière et grès.

Nous présumons que ce dolmen a dû servir

---

(1) La Motte de Monthléry est aussi considérée comme un *tumulus*; et la sépulture de Luzarches, sur laquelle nous n'avons encore que des renseignements vagues, doit être ajoutée à cette liste.

de table d'autel ou de sacrifice, et ce qui nous a confirmé dans cette supposition, c'est qu'ayant fouillé sous les pierres qui le composent, nous y avons trouvé un léger lit de cendres (1).

Le temps nous a manqué pour faire des recherches plus étendues, cependant, nous en avons rapporté plusieurs silex taillés bien caractérisés.

A environ 200 mètres du dolmen, on remarque un assemblage de plusieurs blocs de meulières de très-fortes dimensions, que l'on appelle dans le pays les *pierres de la justice*. Nous pensons qu'il y aurait lieu de fouiller sous ces pierres, ainsi que sous le dolmen, et nous supposons que M. le marquis de Besplas, qui en est le propriétaire, ne s'y opposerait pas.

Nous reviendrons encore une fois, et ce sera la dernière, sur le dolmen de Conflans, pour dire ici que nous regrettons qu'on n'ait pas compris les observations que nous avons déjà faites à propos de son rétablissement dans les fossés de notre château.

Nous qui l'avons préservé du marteau du paveur, nous nous croyons le droit de deman-

---

(1) Nous avons dit que *Flins* était aussi le nom du dieu de la mort, ce village est contigu au territoire d'**Epône**.

der pourquoi on lui a fait subir de si profondes modifications.

Qu'était-il donc besoin, par exemple, de construire ces escaliers en briques qui le défigurent et qui peuvent faire supposer aux visiteurs que nos pères construisaient ainsi ?

Nous espérons qu'un jour viendra, et il n'est pas loin sans doute, où les choses seront remises dans leur état primitif, *qui est le seul vrai.*

P. G.

« *M. le docteur Clerc, rassemblant ses sou-*
« *venirs, voulut bien ajouter : que les ossements*
« *contenus dans la fosse indiquaient une race*
« *forte et vigoureuse, etc., etc.*
« *Que la conformation de la boîte osseuse du*
« *crâne, et l'ouverture de l'angle facial, déno-*
« *taient une grande intelligence, etc., etc.*

A l'appui de cette assertion, le savant docteur vient de nous remettre une mâchoire d'adulte parfaitement conservée, qu'il a rapportée en 1848 du plateau de Marly. Nous avons recueilli avec respect ce débris humain, qui a peut-être appartenu à l'un de nos ancêtres, et nous avons été heureux de constater qu'il n'avait aucun des caractères du *prognathisme* (1).

Nous avions déjà fait, avec un secret sentiment de satisfaction, la même remarque sur les ossements trouvés dans le dolmen de Conflans.

C'est qu'il n'est peut-être pas inutile d'ajouter ces faits à bien d'autres faits du même genre, afin de détruire, si l'on peut, les suppositions que l'on s'est empressé de bâtir sur *l'homme singe*.

En effet, de la découverte de deux affreuses mâchoires, celle de la Naulette et celle de Néanderthal, on s'est empressé de conclure que notre premier père pouvait bien avoir été un *gorille* ou un *orang-outang*.

Cela n'est pas, cela ne peut pas être ! l'homme et le singe ne dérivent pas d'un *ancêtre commun* (2).

Le singe a peut-être été créé avant l'homme, si l'on s'en rapporte à certains géologues, mais

---

(1) Prognathe, se dit des têtes humaines où la proéminence des mâchoires constitue un trait caractéristique des races.

(2) Moïse dit dans sa Genèse : Dieu créa l'homme à son image, il le créa à l'image de Dieu. Nous croyons fermement ce qu'a dit Moïse.

le singe, ainsi que l'homme, ont été créés chacun à l'état parfait.

Cette croyance, du reste, est adoptée par un grand nombre de savants.

« *Quoique vous fassiez*, dit Edgard Quinet, dans son livre de la création, tome 1ᵉʳ, « *vous n'élèverez pas le singe à l'homme, ni vous ne ramènerez l'homme au singe.*

Notre opinion est de bien peu de poids, nous le reconnaissons sans peine, mais nous repoussons de toutes nos forces cette assimilation, et nous sommes certain que nos idées là-dessus seront partagées par un grand nombre de personnes.

Qui donc, en effet, serait flatté d'être le petit cousin d'un *ouistiti* ou d'un chimpanzé ? (1)

L'époque choisie par X. B. Saintine, dans sa légende, est, on se le rappelle, le xiᵉ siècle ; il ne lui était guère possible de remonter plus haut, attendu que l'histoire des premiers seigneurs de Marly ne date que de 1042 (Mézeray, Dulaure, l'abbé Lebœuf, etc.)

« Les plus anciens seigneurs de Marly, dit

---

(1) Voir ce que dit, du singe comparé à l'homme, l'abbé Rohrbacher, docteur en théologie (Histoire universelle de l'église catholique, tome 1ᵉʳ, page 68.)

« Dulaure, ne remontent guère qu'au XIe siècle ;
« ce sont Hervé de Marly et Bouchard, l'aïeul
« et le père de ce Mathieu de Montmorency,
« seigneur de Marly en 1150, qui, après s'être
« distingué dans les guerres de Philippe-
« Auguste, se croisa, et alla mourir près de
« Constantinople.

« La terre de Marly resta dans cette famille
« jusqu'en 1356, où elle passa à Bertrand et
« Thibaut de Levis ; elle fut érigée en comté
« en 1660 (1).

« Je trouve, dit l'abbé Lebœuf, que depuis
« ce temps-là, le roi Louis XIV l'avait eue par
« sentence de décret et adjudication aux re-
« quêtes du Palais.

Quant aux sires de Fontenilles, il n'en est pas un seul instant question dans ces différents auteurs.

Seulement, de recherches laborieuses auxquelles s'est livré M. Maquet, il résulterait qu'au XVe, et non au XIe, il existait un sire de l'Estendard, seigneur de Fontenilles et de Beynes.

Un château de Beynes a peut-être existé,

---

(1) On ne peut confondre cette terre avec le lieu dit la tour aux païens, duquel elle est éloignée de plusieurs kilomètres.

mais il est impossible de retrouver aucune trace du manoir de Fontenilles sur le territoire de Marly.

Le cimetière. — Ainsi est désigné par les habitants de Marly, le champ où le sieur Pauzière a découvert un dolmen, ou plutôt une allée couverte en 1848.

Au dire de ces mêmes habitants, cette sépulture n'a été fouillée que très-imparfaitement dans le milieu, elle doit s'étendre encore assez loin de chaque côté.

Il en est de même de plusieurs autres, et nous soupçonnons fort que des fouilles bien dirigées, à tous les endroits où se montrent encore bon nombre de têtes de dalles en grés, amèneraient d'heureux résultats.

En 1867, nous devions, avec M. Beaune, procéder à quelques fouilles sommaires, mais nos occupations nous en ayant empêché, M. Beaune y alla seul et trouva en effet quelques ossements, ainsi que d'autres débris, qu'il a dû, je crois, placer au Musée auquel il était attaché.

Et, puisque le nom de cet aimable vieillard revient encore sous notre plume, nous ne pouvons nous empêcher d'en entretenir de nouveau le lecteur.

Le père Beaune n'avait pris le goût des choses préhistoriques que depuis son apparition au Musée de St-Germain, aussi ne passait-il pas comme étant très-érudit.

Cependant, il était assez considéré des princes de la science, entre autres de MM. Boucher de Perthes et de Longpérier; comme relations scientifiques, il correspondait avec M. l'abbé Cochet, et feu M. le marquis de Vibraye. En *géologie* le père Beaune avait, selon nous, un grand travers, c'était de vouloir absolument reconnaître, dans la forme des silex de la craie, des fruits, des branches d'arbres, et même le corps de certains animaux.

Il y a en effet des silex qui affectent des formes bizarres, et beaucoup de personnes, en y mettant de la complaisance, trouvent que ces pierres sont la représentation réelle des objets qu'elles veulent y voir.

Cette opinion, qui nous paraît erronée, *n'est pas nouvelle*, nous avons pu nous procurer, par l'entremise d'un de nos amis (1), un bouquin respectable publié en 1768, à Amsterdam, par J.-B. Robinet et qui est intitulé:

*Vue philosophique de la gradation naturelle*

---

(1) M. Lenoir, secrétaire d'académie à Versailles.

*des formes de l'être, ou essais de la nature (Amsterdam, chez E. van Harrevelt).*

Cet ouvrage peu scientifique est très-curieux ; il traite des pierres qui affectent la forme de certaines parties du corps humain, telles que les lithocardites, les buccardites, les antropocardites, les carnioïdes, les pierres de reins, auriculaires, mammilaires, priapolites, colites et phalloïdes.

Nous avons recherché ces pierres, et nous en avons trouvé de semblables, mais cela ne prouve absolument rien en faveur de la théorie exposée dans le livre précité.

« *Nos observations dans les sablières qui avoi-*
« *sinent la Seine, notamment dans celle du Pecq,*
« *appartenant à M. Antoine Béché, entrepre-*
« *neur à Saint-Germain, nous ont permis de*
« *constater que l'homme primitif y a laissé,*
« *dans le* diluvium, *un grand nombre d'ins-*
« *truments à son usage, mêlés aux débris du*
« *mammouth.*

La sablière du Pecq, située près de nous, mérite une mention particulière, à cause de sa richesse en débris fossiles.

On y a trouvé souvent des dents et des ossements de l'*éléphas primigenius*, du *rhinocéros tichorhinus* (1) du cheval, du *bos primigenius*, du bouquetin, etc., etc.

Ces objets auraient été entièrement perdus pour la science, sans l'intelligence des tireurs de sable, MM. Lambert père et fils, auxquels M. Beaune avait enseigné quelques éléments de géologie dont ils ont su profiter.

A ce propos, nous émettrons l'avis, qu'il serait vraiment utile de donner dans nos écoles primaires quelques leçons de cette science trop peu répandue.

La sablière du Pecq est classée comme terrain de transport et d'attérissement de l'époque quaternaire (alluvions anciennes de la Seine), elle est située sur la rive droite de ce fleuve, en face du cap de Saint-Germain-en-Laye. C'est à la profondeur de 7 mètres que l'on y trouve, sous le gravier roulé, les silex taillés associés aux restes des grands pachydermes de la période quaternaire.

---

(1) Une molaire de mammouth a été donnée en 1867 au Musée de St-Germain par M. Beaune ; — M. de Breuvery possède une dent de lait du même animal et de la même provenance ; enfin, en 1872, on y a trouvé une dent du rhinocéros et une molaire d'éléphant, cette dernière était très-remarquable par ses dimensions considérables. Ces deux dents font actuellement partie de la collection d'un amateur.

L'homme existait donc en même temps que le mammouth!

Cette question a été longtemps controversée, mais enfin elle semble aujourd'hui définitivement tranchée par les heureuses découvertes d'un grand nombre de savants.

Non-seulement l'homme a été contemporain du mammouth, mais encore il a été démontré que l'homme de l'âge du mammouth avait aussi le goût des beaux arts, ce qui est suffisamment attesté par les manches de poignards, les bois de renne sculptés et ornés de figures d'animaux de l'époque (1).

M. Boucher de Perthes, auquel notre ville doit la fondation d'un prix annuel en faveur de l'ouvrière la plus méritante, est pour ainsi dire le créateur de la science préhistorique; nous l'avons vu souvent à Saint-Germain. Nous avons même assisté, en compagnie de M. Beaune, à une visite qu'il a faite à la sablière du Pecq, où il avait l'intention de pratiquer une fouille considérable.

Mais sa mort, survenue peu de temps après, nous a privés de découvertes qui sans doute auraient été fort intéressantes.

« Les travaux de M. Boucher de Perthes, dit

---

(1) Trouvés dans les cavernes.

« M. Martins (1) et de plusieurs savants fran-
« çais et étrangers, ont démontré *incontestable-*
« *ment* l'existence de l'industrie humaine dans
« la couche du *diluvium* (2). Il est donc certain
« que l'homme existait avant le grand phéno-
« mène géologique qui a produit le *diluvium.*
« Jusqu'ici c'est la date la plus ancienne de
« l'histoire primitive de l'humanité.

Ici nous ouvrirons une parenthèse : (Le mot *diluvium* (3), sur lequel les géologues sont encore loin d'être d'accord, représente selon les uns les sables et les cailloux roulés mêlés ensemble, sans stratification régulière, comme dans les sablières ; selon les autres, non-seulement le *diluvium* représente ces derniers, mais encore le limon boueux qui recouvre presque tous les terrains, les sables marins, les marnes, les tourbes et les argiles.

Le cadre trop restreint dans lequel nous avons résolu de nous renfermer ne nous per-

---

(1) Bulletin de la Société d'anthropologie, 5 décembre 1861.

(2) *Diluvium*, on a donné ce nom aux alluvions provenant des révolutions géologiques du globe.

(3) Repoussé par quelques géologues et principalement par M. Belgrand qui lui substitue celui de terrains de transport.

met pas de nous étendre trop longuement sur cette question; cependant, nous émettrons l'avis qu'on ne peut confondre les dépôts de graviers roulés des sablières, avec les autres terrains. Pour nous, ils n'ont pas la même origine; nous croyons qu'ils sont d'origine *fluviatile*, tandis que les autres sont exclusivement marins et leurs époques ne peuvent être confondues, ce que nous nous réservons de développer plus tard.

Maintenant, revenons à notre sablière du Pecq, qui, par son étendue, sa position géographique et ses richesses fossiles, offrent à l'amateur un lieu fertile d'observations et de recherches.

Comment ces graviers roulés, qui atteignent une épaisseur qui varie entre 7 et 8 mètres, ont-ils été amenés là ? (1)

Ce ne peut être qu'à la suite d'un grand cataclysme dû, soit à un soulèvement de montagnes, soit à une fonte subite des glaciers, peut-être à ces deux causes réunies.

Toujours est-il que des torrents d'eau ont

---

(1) On sait que la plaine de Croissy, une partie de celle de Chatou et le Vésinet, sont recouverts d'une couche plus ou moins épaisse de ces graviers.

été jetés dans le bassin de la Seine, qui est alors devenu une petite mer enserrée par les collines calcaires qui forment, depuis Paris jusqu'à Rouen, la vallée de la basse Seine.

« La masse d'eau de la Seine, dit M. Bel-
« grand, avait de 40 à 50 mètres de hauteur
« animée de la vitesse d'une locomotive, ou de
« 10 à 20 mètres par seconde !

« Et il serait facile, ajoute le même auteur,
« de démontrer, par des calculs très-simples,
« que la vitesse du courant diluvien était beau-
« coup plus grande encore.

On comprendra sans peine qu'un semblable courant ait eu la force de charrier le gravier et même les gros blocs que l'on retrouve dans les sablières, tel que celui, par exemple, que l'on voit encore dans un déblai du chemin de fer près de la passerelle du Pecq.

C'était donc comme une petite mer dont notre terrasse était la plage !

Qui de nous encore aujourd'hui, le soir, par un temps brumeux, alors que les villages des parties basses et l'horizon sont dérobés à notre vue par le brouillard, n'a pas comparé cette même terrasse à une plage.

Nous avons souvent, en présence de cette immensité, invoqué le souvenir de la Manche vue de la jetée de Dieppe.

La sablière du Pecq est un lieu fertile en observations pour le géologue.

En effet, celui-ci découvrira dans le gravier roulé et non roulé, presque tous les échantillons des *roches* qui composent l'épiderme de notre globe.

Voici du calcaire siliceux, des grès parisiens, du silex de la craie, des calcaires jurassiques, qui ont été amenés par la Marne, l'Aisne, et la haute-Seine; des granites et des syénites qui sont venus du Morvan et de l'Auxois, charriés par l'Yonne.

Au milieu de ces cailloux, nous trouverons, dans ce qu'on appelle le *gravier de fond,* des débris assez importants de polypiers, des bélemnites et des échinodermes; dans le *gravier moyen,* des coquilles marines et fluviatiles, et dans le gravier supérieur quelques coquilles terrestres.

Nous avons parcouru presque toutes les sablières des bords de la Seine, depuis Saint-Germain jusqu'à Poissy (rive droite), et, nulle part, nous n'avons trouvé autant de débris fossiles que dans celle du Pecq.

Cette particularité n'indiquerait-elle pas que cette sablière devait former une anse, un petit golfe, où les cadavres flottants des animaux gonflés par les gaz venaient attérir?

Voici le relevé des coupes de terrains qui est à peu de choses près le même dans toute l'étendue de la sablière :

1° Epaisseur du sol végétal composé de limon rouge ocreux.................................... 0ᵐ70
2° Première couche de gravier fin, entremêlé de bandes de sable gris vaseux (*gravier supérieur*)............................... 2ᵐ60
3° Deuxième couche de gravier moyen, également strié de filons de sable vaseux (*gravier moyen*). C'est dans cette couche que l'on commence à rencontrer les coquilles marines, les bélemnites et les échinodermes avec quelques débris de mammifères. Epaisseur... 2ᵐ70
4° Gros gravier, dit gravier de fond, mêmes débris que dans la couche précédente ; ossements et dents du mammouth et du rhinocéros. Epaisseur...................... 1ᵐ20

Total..... 7ᵐ20

Au-dessous de cette limite se trouve l'eau, puis la marne calcaire et enfin la craie.

Quant aux silex taillés que nous avons trouvés dans cette sablière, ils sont de deux espèces bien distinctes ; nous les avons classés en silex *supérieurs* et silex *inférieurs*.

Ceux que nous appelons supérieurs se trouvent exclusivement dans l'épaisseur du sol végétal, ils sont d'une conservation parfaite, ayant des arêtes vives et bien coupantes, leur patine est généralement noirâtre, ils sont probablement de la dernière période de la pierre taillée.

Les silex inférieurs ou de fond sont moins bien conservés, leurs arêtes sont émoussées et ils paraissent avoir été roulés (il y a cependant quelques exceptions), leur couleur jaune ocrée ne permet jamais de les confondre avec les silex du terrain supérieur. Ceux-là sont évidemment les restes de l'industrie de l'homme au temps du *mammouth*.

---

*Considérations* hypothétiques *sur la fabrication des armes et des instruments en silex, dans les ateliers du campement préhistorique du plateau de Marly.*

Nous nous sommes souvent demandé comment procédaient nos sauvages voisins du plateau de Marly, pour fabriquer leurs armes et leurs outils en silex.

La réponse à cette question devait encore nous être faite par nos pierres taillées elles-mêmes.

Parmi les nombreux spécimens que nous possédons, il s'en trouve quelques-uns à l'état d'ébauche intentionnelle ; ils nous aideront sans doute à entrevoir la pensée de l'ouvrier.

Ce sont des pointes de lance ou de javeline, dont une seule face est taillée; le reste est à l'état brut.

D'autres, dont les deux faces sont abattues, mais où la pointe reste à faire.

Pour la confection de ces objets, on devait choisir de petits blocs de silex, d'une forme à peu près cylindrique, on ne taillait pas en pleine masse, comme pour les couteaux.

D'un coup sec, sans doute, en frappant avec un autre bloc de silex de plus forte dimension, on abattait d'abord la face supérieure, en forme de *biseau*, puis d'un autre coup, la face inférieure était enlevée. Enfin, par de petites percussions répétées sur les côtés, on obtenait la pointe, et la tête de lance ou de javeline pouvait être adaptée à un manche d'os, de corne, ou de bois.

De même que l'on s'étonne avec raison de ce qu'étant sans aucuns moyens mécaniques, les hommes de l'âge de pierre transportaient souvent à de grandes distances des grès énormes, on n'est pas moins surpris de la perfection qu'ils atteignaient dans la confection de leurs armes.

Sans aucun doute le hasard les servait souvent, mais il est bon de remarquer qu'ils en ont toujours profité avec beaucoup d'intelligence.

Certaines personnes ont prétendu qu'il n'était pas difficile d'atteindre aujourd'hui les mêmes résultats, et à l'appui de leur opinion, elles citent ceux que l'on a obtenus dans la taille des pierres à fusil.

Nous n'ignorons pas que la taille des pierres à fusil avait atteint toute la perfection désirable, mais ici la question n'est plus la même.

L'homme moderne a, à son service, les meilleurs instruments en fer et en acier, ce qui simplifie singulièrement sa tâche, tandis que l'homme de l'âge de pierre n'avait absolument que *le silex pour tailler le silex*.

Et encore, il paraît établi que les *tailleurs* de pierre à fusil devaient tenir compte de la nature du silex, et de certaines conditions atmosphériques ou d'extraction de la carrière.

En effet, tous les silex ne se prêtent pas à la taille.

Il en est de fibreux, de lamellaires, de conchoïdes et même de friables.

Celui-ci se fendra par lames plus ou moins épaisses, ayant une cassure nette et luisante. Il a dû être le plus recherché. C'est sans doute cette espèce qui a donné les types remarquables des cavernes de la Dordogne (Laugerie haute et basse).

Celui-là, au contraire, se fend par lamelles conchoïdales, ou par cassures obliques et horizontales.

Dans ce cas, les outils seront de courte dimension ; on opérera alors sur des blocs de moyenne grosseur, qui, déjà par leur forme naturelle, se rapprochent de la forme de l'objet que l'on a en vue.

L'ouvrier sera prudent ; il ne détachera de ce bloc que de petites écailles, si nous pouvons nous servir de cette expression, et il les enlèvera successivement sur toutes les faces, de manière à donner à la pierre la forme d'une grosse amande.

Cette grosse amande sera la hache dite de Saint-Acheul.

Ceci est suffisant pour les armes grossières des premiers âges, plus tard la taille se perfectionnera.

En attendant, voyons les outils de cette première époque, et essayons d'en déterminer l'usage.

Voici d'abord des grattoirs ; c'est, nous l'avons dit, l'instrument qui domine sur le plateau de Marly.

Il y en a de forme ronde et allongée.

Presque tous ont été retaillés par de petites percussions, afin de leur donner, sur une face, cette partie *coupante*, particulière au silex.

Avec cela, on devait enlever facilement toutes les rugosités, tous les débris qui sont attachés à l'intérieur des peaux d'animaux.

Tout morceau de silex pouvait faire un grattoir, mais on employait à cet usage principalement les armes ou les outils dont la taille avait d'abord été manquée. C'est ce qui explique cette diversité de formes que l'on remarque dans les grattoirs-râcloirs.

Nous avons aussi dans notre collection différents outils, qui nous ont semblé appartenir spécialement au plateau de Marly.

Ce sont de petits *rabots*, des *égrugeoirs*, qui ont évidemment servi, et qui sont remarquables aussi bien par leur forme que par le soin avec lequel on leur a conservé, pour leur servir de poignée, ce bulbe arrondi qui se trouve souvent dans les rognons du silex.

De même, l'ouvrier a négligé de tailler les surfaces lorsqu'il n'était pas utile de le faire, aussi presque tous les instruments sont-ils revêtus, en certains endroits, de la croûte calcaire provenant de la carrière.

Si beaucoup d'entre eux portent les traces d'oxyde de fer, ces traces résultent du contact des instruments de culture depuis plus de six mille ans peut-être !

De la variété dans les formes et dans les types de ces instruments, on pourrait conclure que l'on s'est adressé, pour leur fabrication, à des ouvriers de différentes localités, qui ont importé chacun sur le plateau leur manière de procéder.

Nous pouvons, sous ce rapport, présenter divers types provenant de contrées souvent fort éloignées les unes des autres.

## NOS EXPÉRIENCES.

Nous avons essayé, non avec des outils de fer ou d'acier, mais avec d'autres silex, de produire ces lames effilées et coupantes que l'on est convenu d'appeler *couteaux*.

Nous avons d'abord pris de petits blocs que nous avons tirés nous-même de la craie, dans un moment donné, ce que les ouvriers appellent le *silex sur son eau de carrière*.

Tenant de la main gauche le bloc à tailler, et frappant avec la droite, au moyen d'un autre silex, sur la partie supérieure, dans le sens présumé du fil, nous devons dire que nous n'avons pas obtenu de merveilleux résultats.

Etait-ce maladresse ou une autre cause ? par exemple, celle du manque de sécheresse du caillou.

Nous l'avons alors laissé exposé à l'air libre assez longtemps, puis nous l'avons repris pour le tailler, et nous n'avons pas été plus heureux.

Nous avons aussi essayé du feu, mais le plus souvent les blocs éclataient ; cela devenait dangereux, et ne nous donnait pas de résultats plus satisfaisants.

Enfin, nous avons examiné le travail des casseurs de pierres sur les routes, et là encore nous n'avons rien trouvé d'analogue aux pierres taillées que nous possédons.

Mais nous avons pris le marteau de fer, et en mettant le silex à tailler entre deux autres pierres, nous sommes arrivé à produire des lames un peu plus présentables, sans cependant pouvoir être mises en comparaison de celles des cavernes.

Il faut donc admettre que nos sauvages pères avaient ou une adresse particulière servie par une patience à toute épreuve, ou qu'ils connaissaient une espèce de silex spécial pour fabriquer leurs armes et leurs outils.

Nous nous *arrêterons* ici pour le moment, remettant à plus tard les nouvelles expériences que nous nous promettons de tenter encore sur cet objet.

P. G.

*P. S.* Nous donnons une vue de la tour aux païens telle que nous l'avons imaginée et quelques spécimens de nos pierres taillées.

Nous ne saurions mieux terminer cette étude qu'en l'offrant en hommage à la Société des sciences de Seine-et-Oise, qui nous a déjà donné de nombreuses marques d'encouragement et nous a admis dans son sein.

Nous offrirons aussi nos sincères remerciements, d'abord à M. Th. Lancelin, qui nous a ouvert si gracieusement les colonnes de son estimable journal, puis à toutes les personnes qui, pendant le cours de cette publication, nous ont prodigué les témoignages d'un bienveillant intérêt.

Paul Guégan.

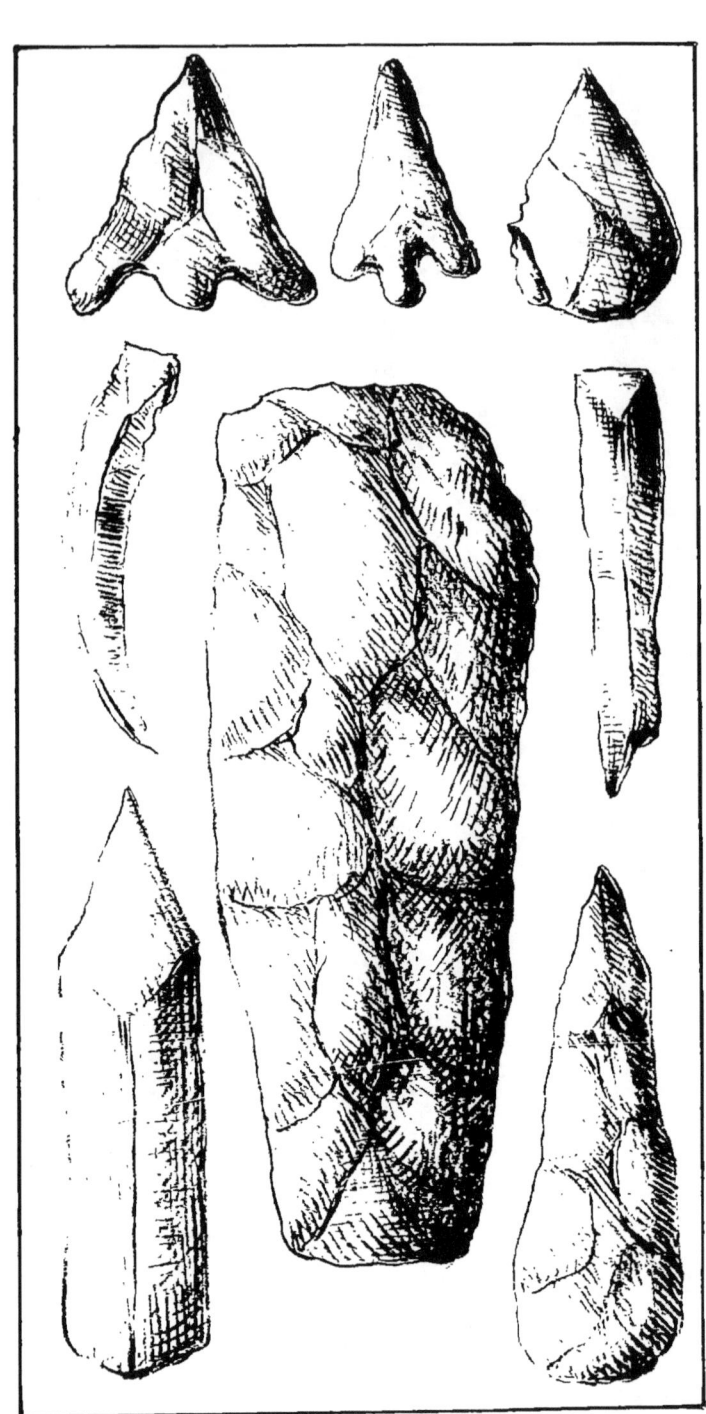

P.G. LA TOUR AUX PAÏENS

www.ingramcontent.com/pod-product-compliance
Lightning Source LLC
LaVergne TN
LVHW051459090426
835512LV00010B/2227